Caminando por la comunidad

Una base militar

Peggy Pancella

Heinemann Library
Chicago, Illinois

Customer Service   888–454–2279

Visit our website at www.heinemannlibrary.com

Translation into Spanish produced by DoubleO Publishing Services
Photo research by Jill Birschbach
Designed by Joanna Hinton-Malivoire and Q2A Creative
Printed in China by South China Printing Co.

10 09 08 07 06
10 9 8 7 6 5 4 3 2 1

Library of Congress Cataloging-in-Publication Data
Pancella, Peggy.
  [Military base. Spanish]   Bases militares / Peggy Pancella.
     p. cm. -- (Caminando por la comunidad)
  Includes bibliographical references and index.
  ISBN 1-4034-6234-8 (hc, library binding) -- ISBN 1-4034-6240-2 (pb)
   1.   Military bases, American--Juvenile literature. 2.   United States--Armed
Forces--Military life--Juvenile literature. I. Title. II. Series.
  UA26.A2P27 2006
    355.7--dc22
                                      2005026298

Acknowledgments
The author and publisher are grateful to the following for permission to reproduce copyright material: U.S. Air Force pp. 6 (Master Sgt. Jim Varhegyi), 27 (Staff Sgt. Randy Redman): U.S. Marines 4 (Sgt. Luis R. Agostini), 8 (Sgt. Joshua S. Higgins), 9 (Cpl. Ryan S. Scranton), 10 (Lance Cpl. Patrick J. Floto), 13 (Lance Cpl. Rose A. Muth), 20 (LCpl. Michael I. Gonzalez), 22 (Cpl. Jennifer Brofer), 23 (Cpl. Kurt Fredrickson), 26 (Cpl. Trevor M. Carlee): U.S. Navy 5 (Chief Photographer's Mate Spike Call), 7 (Patrick Nichols), 11 (Photographer's Mate 1st Class Marvin Harris), 12 (Photographer's Mate 2nd Class Richard J. Brunson), 14 (Photographer's Mate 2nd Class Michael Larson), 15 (Cryptologic Technician 1st Class Patrick D. Wormsley), 16 (Photographer's Mate 1st Class William R. Goodwin), 17 (Photographer's Mate 1st Class William R. Goodwin), 18 (Photographer's Mate 1st Class William R. Goodwin), 19 (Chief Journalist James H. Junior), 21 (Photographer's Mate 3rd Class Chris Weibull), 24 (Photographer's Mate Airman Joan Kretschmer), 25 (Photographer's Mate 2nd Class Aaron Peterson), 28 (Chief Photographer's Mate Johnny Bivera), 29 (Photographer's Mate 1st Class Michael A. Worner)

Cover photograph reproduced with the permission of Accentalaska.com (Ken Graham)

Every effort has been made to contact copyright holders of any material reproduced in this book. Any omissions will be rectified in subsequent printings if notice is given to the publisher.

Algunas palabras aparecen en negrita, **como éstas**.
Puedes averiguar lo que significan en el glosario.

Contenido

Vamos a visitar una base militar

Los guardias revisan a todas las personas que entran y salen de una base militar.

Los guardias revisan a todas las personas que entran y salen de una base militar.

En todos los lugares la gente vive en **vecindarios**. Un vecindario es una parte pequeña de una **comunidad** más grande, como una ciudad o un pueblo. La gente y los lugares de un vecindario ayudan a hacerlo especial.

Algunos vecindarios son **bases militares**. Aquí, miembros de las **fuerzas armadas** viven, trabajan y se **entrenan**. En una base puede haber cientos o miles de personas. Muchas bases están cerca de pueblos o ciudades pequeñas.

Las bases pueden estar en los Estados Unidos o en otros países.

Hogares

Hay muchos tipos de hogares diferentes en las **bases militares**. Muchas familias **militares** viven en casas. Otras viven en apartamentos. Algunos hogares tienen patios donde la gente puede jugar y descansar.

Los hogares en las bases militares pueden ser grandes o pequeños.

Algunos cuarteles parecen grandes edificios de apartamentos.

Algunas personas viven en **cuarteles**. Los cuarteles son edificios donde miembros del ejército viven juntos. A menudo sus familias no viven en la base. Usualmente hay cuarteles separados para mujeres y hombres.

Transporte

Algunos militares viven en pueblos y manejan para llegar a la base todos los días.

En las **bases militares**, mucha gente usa carros o autobuses para ir de un sitio a otro. Alguna gente camina o monta en bicicleta cerca de sus hogares. La gente maneja carros o va en autobús cuando necesitan ir al centro.

Los trabajadores **militares** a veces se desplazan de forma especial. Pueden alinearse en grupos e ir marchando juntos. Pueden ir en vehículos especiales como aviones, jeeps o tanques. Algunos usan botes en las bases que están cerca del mar.

Los jeeps y otros vehículos militares hacen trabajos especiales.

Escuelas

Muchas **bases militares** tienen sus propias escuelas. Estas escuelas pueden ser grandes o pequeñas. Los niños de la base a veces pueden caminar hasta la escuela. También pueden ir en bicicleta o en autobús.

Muchas escuelas en las bases tienen áreas de recreo al aire libre.

Estos estudiantes escuchan un cuento.

Algunos hijos de **militares** van a la escuela en el pueblo más cercano. Los niños que viven en bases en otros países pueden oír un idioma distinto en estas escuelas. Pueden entender más cosas en la escuela de la base, donde los maestros hablan inglés.

11

Trabajar

Los militares pueden llevar ropa especial para hacer ciertos trabajos.

Los trabajadores **militares** hacen muchos trabajos distintos. Algunos manejan barcos y pilotan aviones. Otros aprenden a usar **armas** y herramientas. Algunos estudian idiomas nuevos o usan computadoras. Otros cuidan de la gente que necesita ayuda.

Muchos trabajadores ayudan a que la **base militar** funcione bien. Algunos construyen casas y otros edificios. Otros construyen y reparan vehículos y otros equipos. Otros trabajan en tiendas, restaurantes y otros negocios en la base.

Una base puede tener muchos tipos de negocios distintos.

Mantener la seguridad

Muchos trabajadores ayudan a mantener la seguridad en la **base militar**. Los policías **militares** especiales vigilan la base. A veces **patrullan** la base a pie. También pueden ir en bicicleta o en carros.

La policía militar está preparada para actuar cuando hay problemas.

Firefighters need special training and equipment to keep everyone safe.

Muchas bases también tienen bomberos y servicio de **emergencias**. Corren a ayudar cuando la gente está herida, enferma o en peligro. Su trabajo rápido puede salvarle la vida a la gente.

Ir de compras

Las **bases militares** tienen diferentes sitios donde ir de compras. Un **economato** (*commissary*) es como un supermercado. Una **tienda del ejército** (*post exchange, [PX], y base exchange, [BX]*) vende uniformes, suministros y otro equipo especial. Tambien puede haber otras tiendas.

A veces, muchas tiendas comparten un mismo edificio

A veces las familias **militares** van al centro a comprar. Las tiendas en el centro venden muchos tipos de productos diferentes. Muchos pueblos cercanos a las bases tienen grandes zonas comerciales llamadas **centros comerciales**.

En los centros comerciales la gente puede comprar muchos tipos de cosas.

Comida

Las familias a menudo compran gran parte de su comida en el **economato de la base militar**. Aquí pueden comprar diferentes tipos de comida. Los pueblos cercanos a la base militar también tienen supermercados y otras tiendas de comida.

Un economato vende diferentes tipos de comidas.

Algunas bases también tienen cafeterías donde la gente puede comprar comida rápidamente.

También hay muchos lugares donde las familias **militares** pueden comer. Muchas bases tienen uno o más restaurantes donde comer. En algunos venden comida rápida y otros tienen zonas para sentarse. Los pueblos cercanos también tienen restaurantes.

Bibliotecas

Muchas **bases militares** tienen bibliotecas. La gente puede tomar libros prestados y revistas para leer. También podría haber videos y otros materiales.

Las bibliotecas en las bases pueden ser grandes o pequeñas.

Las computadoras se pueden usar para trabajar o para jugar.

La gente puede usar las computadoras para buscar la información que necesita. A veces también pueden jugar juegos de computadoras. La gente también puede apuntarse a grupos de lectura, ver espectáculos especiales o hacer otras actividades en las bibliotecas de las bases.

Dinero y correo

Los bancos pueden **prestar** a la gente dinero para las cosas que necesitan.

Una **base militar** tiene al menos un banco para guardar el dinero de la gente. Las personas a menudo hacen sus negocios dentro del banco. Algunos bancos pueden tener autobancos o **cajeros automáticos**.

La mayoría de las bases también tiene oficinas de correo. En ellas, la gente puede enviar cartas y paquetes. A veces pueden recoger su correspondencia en el correo. A veces los carteros la reparten por las casas de la gente.

La gente puede enviar paquetes a cualquier parte del mundo.

Otros lugares en una base militar

Las **bases militares** necesitan muchos tipos diferentes de edificios. Algunos edificios tienen oficinas o salones de clases. Las bases tienen a menudo al menos un lugar para servicios religiosos.

En una base militar se celebran muchos servicios religiosos diferentes.

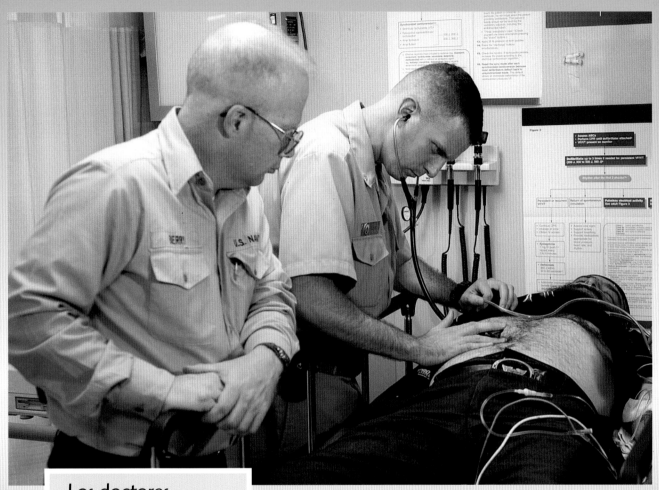

Los doctores **militares** tratan todo tipo de problemas de salud.

Las bases militares también tienen oficinas para los doctores. A veces también tienen hospitales. Aquí la gente puede curarse cuando está enferma o herida.

25

Divertirse

Las bases militares a menudo tienen sus propios equipos deportivos.

A muchas **familias militares** les gusta divertirse y descansar en sus propios patios. Algunas **bases militares** tienen campos para jugar pelota y otras áreas de recreo. Las bases también pueden tener cines o salas de conciertos donde se presentan cantantes y grupos.

Muchas bases tienen **centros deportivos** con gimnasios y máquinas para hacer ejercicio. La gente también puede divertise en salones de juego y hacer otras actividades. Algunas bases tienen **museos** que cuentan cosas sobre la historia. La gente también puede ir al centro para hacer otras actividades.

La gente hace muchos tipos de ejercicios en el gimnasio.

Se juntan en la base militar

A menudo la gente en las **bases militares** trabaja junta. La gente recoge comida, ropa y otras cosas para personas necesitadas. Recauda dinero para ayudar a otra gente. Envía cartas y paquetes a trabajadores militares por todo el mundo

La gente hace envíos importantes a trabajadores **militares**.

Estas personas acaban de terminar su entrenamiento militar.

La gente en las bases militares también puede hacer fiestas y otros eventos divertidos. Algunas veces hay desfiles y **ceremonias** en días especiales. La gente también comparte comida, música, juegos y diversión. Todas estas cosas hacen de las bases militares muy buenos sitios para vivir.

Glosario

arma   objeto que puede usarse en combate

base militar   área protegida donde viven, trabajan y entrenan miembros de las fuerzas armadas

cajero automático   máquina de un banco que la gente usa para depositar y retirar dinero

centro comercial   zona comercial con muchos tipos de tiendas en un solo edificio

centro deportivo   edificio con lugares y máquinas donde la gente puede hacer ejercicio

ceremonia   evento formal que incluye acciones hechas de una forma especial e importante

comunidad   grupo de personas que vive en un área, o el área en la que vive

cuarteles   edificio o grupos de edificios donde viven juntos los militares

economato   tienda en una base militar que vende comestibles

emergencia   algo que ocurre de repente y te hace actuar rápidamente

entrenar   aprender y practicar ciertas acciones

fuerzas armadas   grupos que protegen un país por tierra, mar y aire

militar   que tiene que ver con las fuerzas armadas

museo   lugar donde se muestran objetos especiales o importantes

patrullar   moverse por un área para mantenerla segura

prestar   dejar a alguien usar algo durante un periodo de tiempo

tienda del ejército (*BX* o *PX*)   tienda en una base militar que vende diferentes artículos

vecindario   área pequeña de una ciudad o pueblo

Otros libros para leer

Amato, William. *Portaaviones.* New York: Rosen, 2003.

Amato, William. *Submarinos nucleares.* New York: Buenas Letras, 2004.

Norman, C. J. *Tanques.* Franklin Watts, 1991. Un lector mayor te puede ayudar con este libro.

Índice